Charlotte Meyn

Medien in der DDR - Ein Überblick

Rundfunk, Fernsehen und Presse im sozialistischen Einheitsstaat

GRIN - Verlag für akademische Texte

Der GRIN Verlag mit Sitz in München hat sich seit der Gründung im Jahr 1998 auf die Veröffentlichung akademischer Texte spezialisiert.

Die Verlagswebseite www.grin.com ist für Studenten, Hochschullehrer und andere Akademiker die ideale Plattform, ihre Fachtexte, Studienarbeiten, Abschlussarbeiten oder Dissertationen einem breiten Publikum zu präsentieren.

Dokument Nr. V90604 aus dem GRIN Verlagsprogramm

Charlotte Meyn

Medien in der DDR - Ein Überblick

Rundfunk, Fernsehen und Presse im sozialistischen Einheitsstaat

GRIN Verlag

Bibliografische Information der Deutschen Nationalbibliothek: Die Deutsche Bibliothek verzeichnet diese Publikation in der Deutschen Nationalbibliografie; detaillierte bibliografische Daten sind im Internet über http://dnb.d-nb.de/ abrufbar.

1. Auflage 2008
Copyright © 2008 GRIN Verlag
http://www.grin.com/
Druck und Bindung: Books on Demand GmbH, Norderstedt Germany
ISBN 978-3-640-83340-5

Inhaltsverzeichnis

1. Einleitung 2
2. Die staatliche Überwachung der Medien in der DDR 2
   - 2.1 Rechtliche Grundlagen 2
   - 2.2 Die Journalistenausbildung 3
   - 2.3 Staatliche Überwachung der Journalisten 3
3. Fernsehen und Radio 4
   - 3.1 Rundfunk und Fernsehen im System der DDR 4
   - 3.2 Das Fernsehprogramm in der DDR 4
   - 3.3 Radio in der DDR 6
4. Presse: 7
   - 4.1 Kontrolle der Presse im DDR-System 7
   - 4.2 Die Presselandschaft der DDR 8
5. Schlusswort: 9
   Literaturliste: 10

1. Einleitung

Die vorliegende Arbeit will einen kurzen Überblick über das Mediensystem in der DDR verschaffen.

Im ersten Teil wird Allgemeines zu den Medien in der DDR erläutert- zunächst werden kurz die rechtlichen Grundlagen für die Zensur dargestellt, danach wird die Journalistenausbildung kurz angesprochen und dann noch Allgemeines zum staatlichen Überwachungssystem gesagt. Anschließend werden in einem Abschnitt Fernsehen und Hörfunk zusammen und schließlich gesondert die Presse behandelt: innerhalb der zwei Abschnitte wird jeweils zuerst die Einbindung des jeweiligen Mediums in das Kontrollsystem des DDR-Staats kurz angesprochen, dann wird ein Überblick über das Medienangebot gegeben. Auf genauere Schilderung der Institutionsgeschichte wird hier aus Platzgründen verzichtet.

2. Die staatliche Überwachung der Medien in der DDR

2.1 Rechtliche Grundlagen

Offiziell war Presse- und Rundfunkfreiheit im Grundgesetz der DDR verankert. Die Verfassung der DDR verkündete in Artikel 27:

1. Jeder Bürger der deutschen Demokratischen Republik hat das Recht, den Grundsätzen dieser Verfassung gemäß seine Meinung frei und öffentlich zu äußern. Dieses Recht wird durch kein Dienst- oder Arbeitsverhältnis beschränkt. Niemand darf benachteiligt werden, wenn er von diesem Recht Gebrauch macht.
2. Die Freiheit der Presse, des Rundfunks und des Fernsehens ist gewährleistet.[1]

Jedoch sind hierbei die Worte „den Grundsätzen dieser Verfassung gemäß" im ersten Absatz zu beachten- diese Grundsätze beinhalteten eben auch die Anerkennung der Führungsrolle der SED, das Konzept des sozialistischen Staats und das Prinzip des demokratischen Zentralismus, d.h. dass die Beschlussfassung auf Partei- und Regierungsebene von oben nach unten erfolgt. Außerdem wird in der DDR-Verfassung das Prinzip der Informationsfreiheit mit keinem Wort erwähnt, was die gesetzliche Grundlage dafür bot, den Import und die Lektüre westlicher Presseerzeugnisse zu verbieten. Zudem gab es im Strafgesetzbuch der DDR einen Paragraphen mit dem Titel „Staatsfeindliche Hetze" der ebenfalls eine Grundlage zur Zensur bot.[2]

---

1 Holzweißig, Gunter: Massenmedien in der DDR, Berlin: Gebr. Holzapfel 1989, S. 10
2 Holzweißig, Massenmedien, S. 11 ff.

„Berichterstattung"

2.2 Die Journalistenausbildung

Anders als in der BRD war „Journalist" in der DDR eine gesetzlich geschützte Berufsbezeichnung. Der Weg zum Journalisten führte in der Regel über das Journalistikstudium an der Universität Leipzig oder an der Fachschule des Journalistenverbandes, die sich ebenfalls in Leipzig befand. Für die Zulassung war absolute politische Linientreue Voraussetzung, unter anderem Mitgliedschaft in der FDJ, der SED oder einer ähnlichen Organisation. Auch das Studium war stark ideologisch geprägt.[3]

2.3 Staatliche Überwachung der Journalisten

Das Zentralkomitee der SED leitete die Presse der Parteien und der Massenorganisationen sowie das Staatliche Komitee für Rundfunk und Fernsehen beim Ministerrat an. Dem Zentralkomitee unterstanden die Abteilung Agitation, die für die Tagespolitik zuständig war, sowie die Abteilung Propaganda, die sich um die längerfristig angelegte Öffentlichkeitsarbeit kümmerte. Jede Woche wurden von beiden Abteilungen Anweisungen an Chefredakteure und führende Funktionäre von Fernsehen, Rundfunk und Presse gegeben, die diese direkt an ihre Mitarbeiter weiterleiteten. Offiziell wurden diese Anweisungen als „Informationen" deklariert, in Wahrheit waren sie jedoch verbindlich und ein Chefredakteur, der sich nicht daran hielt, musste um seine Karriere fürchten- teilweise wurden sogar bestimmte Formulierungen oder die Platzierung bestimmter Themen vorgeschrieben. Auch angebliche „Leserbriefe" wurden meist auf Anleitung des Komitees von den Redakteuren in Auftrag gegeben oder selbst verfasst.[4]

Innerhalb der einzelnen Institutionen herrschte ein System der Selbstzensur: Chefredakteure und Funktionäre kontrollierten genau, ob ihre Untergebenen die Anweisungen auch einhielten und leiteten Disziplinarmaßnahmen ein, wenn ihre Mitarbeiter gegen die Vorgaben verstießen.[5]

Über die Berufspraxis wachte zudem der VDJ (Verband der Journalisten der DDR) in dem über 90 % der DDR-Journalisten Mitglied waren. Offiziell war dieser selbstständig, in Wahrheit wurde er aber sehr stark von der SED-Führung beeinflusst.[6] Auch wurden überall im

---

3 Baerns, Barbara: Journalismus und Medien in der DDR. Ansätze, Perspektiven, Probleme und Konsequenzen des Wandels, Königswinter: Jakob-Kaiser-Stiftung e.V. 1990 S. 51 ff.
4 Holzweißig, Massenmedien, S. 13 ff.
5 Friedrich-Ebert-Stiftung (Hrsg.): Die Massenmedien der DDR, Bonn: Neue Gesellschaft 1983, S. 24 f.
6 Holzweißig, Gunter: Die stärkste Waffe der Partei. Eine Mediengeschichte der DDR, Köln, Böhlau 2002. S.

Medienbetrieb die Inoffiziellen Mitarbeiter des Ministeriums für Staatssicherheit eingesetzt, die ihre Kollegen ausspionierten und denunzierten, sowie häufig das Erscheinen unerwünschter Artikel verhinderten.[7]

3. Fernsehen und Radio

3.1 Rundfunk und Fernsehen im System der DDR

Der Rundfunk in der DDR wurde gleich nach Staatsgründung komplett verstaatlicht, das Fernsehen gehörte von seinem Sendestart an dem Staat. 1951 wurde das Staatliche Komitee für Rundfunk und Fernsehen gegründet, das, wie oben schon erwähnt, formell direkt dem Vorsitzenden des Ministerrats der DDR unterstellt war und von der Abteilung Agitation und Propaganda beim SED-Zentralkomitee kontrolliert wurde.[8] 1968 wurde es zweigeteilt in das Staatliche Komitee für Rundfunk und das Staatliche Komitee für Fernsehen. Die Vorsitzenden dieser Komitees wurden auf Vorschlag des Zentralkomitees der SED gewählt. Sie standen im ständigen Kontakt mit der SED-Spitze und erhielten von dort Anweisungen.[9]

3.2 Das Fernsehprogramm in der DDR

Zunächst wurde ab 1952 ein Testprogramm von täglich zwei Stunden Sendezeit ausgestrahlt, das von 75 Empfängern empfangen werden konnte. Diese standen nicht in Privathaushalten, sondern in öffentlichen „Fernsehstuben". Der Deutsche Fernsehfunk (DFF), der sich 1973 in „Fernsehen der DDR" umbenannte, begann mit der Ausstrahlung seiner Programme im Jahr 1955/56- mittlerweile war die Sendezeit auf 4 Stunden am Tag angewachsen und die Zahl der Empfangsgeräte war auf 70 000 angestiegen.[10] 1968 lag die Zahl der Empfangsgeräte bereits bei 4, 17 Millionen und die Sendedauer betrug 12,7 Stunden pro Tag. Ein Jahr später begann man mit der Ausstrahlung des zweiten Programms (1969), in welchem auch die ersten Farbsendungen ausgestrahlt wurden, wohl auch als Versuch, gegen die Konkurrenz der westdeutschen Fernsehsender anzukommen (deren geschätzte Nutzung bei 50-65% lag)[11]. Ab 1973 strahlten dann beide Programme Sendungen in Farbe aus.[12] ↑ *Westfernsehen*

---

46 ff.
7 Holzweißig, Massenmedien, S. 18
8 Kuhlmann, Michael: Fernsehen in der DDR, Siegen: Veröffentlichungen zum Forschungsschwerpunkt Massenmedien und Kommunikation 1997, S. 19 ff.
9 Friedrich-Ebert-Stiftung, S. 30 ff.
10 Kuhlmann, S. 18 ff.
11 Kuhlmann, S. 77
12 Holzweißig, Massenmedien, S. 114

Sieht man sich die prozentuale Verteilung der einzelnen Programmsparten an, so wird deutlich, dass ein Großteil der Sendungen politischer Natur war: Politische Sendungen (einschließlich Bildung) machten im Jahr 1983 36,9 % aus. Im Vergleich dazu nahmen Sportsendungen nur 9,0%, reine Unterhaltungssendungen nur 13,7 % der Sendezeit ein.[13] Dabei waren letztere beim Publikum sehr beliebt: insbesondere die Unterhaltungsshow „Ein Kessel Buntes", die seit den siebziger Jahren lief und bis zum Ende des DDR-Fernsehens ausgestrahlt wurde, ist hier zu nennen. Hier wurden auch des öfteren Prominente aus dem Westen eingeladen.[14]

Zu erwähnen ist außerdem noch die Sendung „Der schwarze Kanal", die ab 1960 ein-, zeitweise zweimal die Woche gezeigt wurde. Moderiert von Karl-Eduard von Schnitzler, deckte sie, ausgehend vom marxistisch-leninistischen Weltbild, angebliche Missstände in der BRD, sowie angebliche Lügen der westdeutschen Medien über die DDR auf. Hier bemühte man sich, durch ein ansprechendes Programmumfeld die Einschaltquoten möglichst hoch zu halten: so wurden vor der Sendung oft alte UFA-Filme gezeigt.[15]

Im Mittelpunkt des Fernsehprogramms stand schon seit Beginn der Testausstrahlungen die tägliche Nachrichtensendung „Aktuelle Kamera".[16] Da diese oft nur einen Zuschaueranteil von 7 % erreichte, hoffte man, die Einschaltquoten zu erhöhen, indem direkt davor Ratgebersendungen ausgestrahlt wurden, die zu den beliebtesten Sendungen des DDR-Fernsehens gehörten-[17] in ihnen wurden zum Beispiel juristische Fragen oder Themen wie Berufswahl, Kindererziehung und Verkehrserziehung behandelt.[18] Die niedrige Einschaltquote der „Aktuellen Kamera" lässt sich unter Anderem mit der verwendeten Sprache, die sehr umständlich und schwer verständlich war, erklären; zudem gab es zahlreiche Tabuthemen, über die nicht berichtet werden durfte, wie zum Beispiel Atomkraftwerke oder Mülldeponien, da die „Aktuelle Kamera" eine der durch das ZK am intensivsten kontrollierten Sendungen des DDR-Fernsehens war.[19] Deshalb zogen viele Zuschauer die Nachrichtensendungen der westdeutschen Fernsehsender vor.

Auch ansonsten standen die Fernsehsender der DDR immer in direkter Konkurrenz zum

---

13 Friedrich-Ebert-Stiftung, S. 35
14 Kuhlmann, S. 61
15 Riedel, S. 61
16 Riedel, S. 57
17 Holzweißig, Massenmedien, S. 117 f.
18 Kuhlmann, S. 68
19 Kuhlmann ,S. 42 f.

westdeutschen Fernsehen, das fast überall in der DDR zu empfangen war: lediglich in kleinen Gebiete im Nord- und Südosten des Landes konnten die Zuschauer nicht auf westdeutsche Fernsehsender zugreifen (dort wurden dann allerdings verstärkt westdeutsche Radiosender gehört.) Geschätzte 50-65% der DDR-Bevölkerung sahen auch oder sogar vorwiegend die Programme des Westfernsehens. [20]

3.3 Radio in der DDR

1977 verfügten 99% aller Haushalte in der DDR über ein eigenes Rundfunkgerät.[21] Jedoch stand das Hörfunkprogramm in der DDR genauso wie das Fernsehen immer in Konkurrenz zu westlichen Sendern, die überall in der DDR zu empfangen waren und insbesondere mit ihrem breiten Angebot an westlicher Popmusik eine starke Anziehungskraft ausübten; im Radioprogramm der DDR dagegen gab es eine Quotenregelung, mit der festgesetzt wurde, dass der Anteil von Titeln aus „sozialistischer Produktion" innerhalb des Unterhaltungsmusikprogramms 60% zu betragen hatte. [22] Dies hatte allerdings auch finanzieller Gründe, da westliche Unterhaltungsmusik teure Devisen kostete.[23]
Ab 1955 waren folgende Sender die wichtigsten Hörfunkprogramme in der DDR, die je nach Sender 15-24 Stunden am Tag sendeten:
Radio DDR I sendete ein Informations- und Unterhaltungsprogramm, das Programm von Radio DDR II (das ab 1958 gesendet wurde) war mehr bildungs- und gesellschaftspolitisch ausgerichtet und sendete gehobenere Unterhaltung. Der Berliner Rundfunk sendete ein stark auf lokale Themen bezogenes Programm. Die „Stimme der DDR" (bis 1971 „Deutschlandsender") richtete sich vorwiegend an deutschsprachige Hörer außerhalb der Grenzen der DDR. Ab 1959 sendete zudem „Radio Berlin International" Auslandsprogramme in mehreren Sprachen, um die Politik der DDR im Ausland zu repräsentieren. Zu erwähnen ist noch das „Jugendradio DT 64", das ab 1987 gesendet wurde: dort wurde nicht nur überdurchschnittlich viel westliche Popmusik gesendet, auch konnten Jugendliche hier ihre Meinung zu gesellschaftlichen Themen äußern; in diesem Sender wurde mehr Systemkritik toleriert als in den meisten anderen Medienerzeugnissen der DDR.[24]

---

20 Kuhlmann, S. 75 ff.
21 Friedrich-Ebert-Stiftung , S. 32
22 Marchal, Peter: Kultur- und Programmgeschichte des öffentlich-rechtlichen Hörfunks in der Bundesrepublik Deutschland. Ein Handbuch, München: kopaed 2004, Bd. 2, S. 752
23 Holzweißig, Massenmedien, S. 106
24 Holzweißig, Massenmedien. S. 103 ff.

4. Presse:

4.1 Kontrolle der Presse im DDR-System

Um Tageszeitungen zu publizieren, brauchte man in der DDR eine Lizenz. Diese Lizenzen wurden nicht an Privatpersonen vergeben, abgesehen vom kirchlichen Sektor, der nach DDR-Recht als privat galt (dieser war aber vergleichsweise gering). Stattdessen konnten nur politische Parteien, Massenorganisationen und öffentliche Institutionen eine solche Lizenz erwerben. [25] Zudem wurden die Lizenzen nur verteilt, wenn der Inhalt der Publikationen den Gesetzen der DDR entsprach und genügend Papier vorhanden war. Zwar herrschte in der DDR tatsächlich Papiermangel, jedoch wurde die angebliche Papierknappheit meist als Vorwand eingesetzt, um unliebsame Bewerber am Erwerb einer Lizenz zu hindern. Zudem war auch die Deutsche Post der DDR Teil des Kontrollsystems- sie hatte das Monopol auf Vertrieb und Beförderung von Presseerzeugnissen, was auch die unentgeltliche Abgabe mit einschloss. [26]

Die Nachrichten- und Fotoagentur ADN (Allgemeiner deutscher Nachrichtendienst), die 1946 gegründet und 1953 verstaatlicht wurde, unterstand direkt dem Presseamt beim Vorsitzenden des Ministerrats, welches wiederum dem Zentralkomitee unterstand[27]: Sie lieferte einen Großteil der Nachrichten und hatte das Monopol für die Auslandsberichterstattung inne: Nur die Zeitung „Neues Deutschland" verfügte zusätzlich noch über eigene Auslandskorrespondenten.[28] Die ADN hatte Direktanschlüsse zu allen wichtigen Nachrichtenagenturen der Welt und in allen wichtigen Staaten Auslandskorrespondenten und entschied, welchen Nachrichten an die Zeitungen weitergegeben werden durften. Zudem unterhielt die ADN auch noch einen Dienst für Pressefotos namens „Zentralbild" (ZB), der nicht nur Bilder für die Inlandsberichterstattung produzierte, sondern auch die Bilderdienste ausländischer Agenturen empfing und entschied, welche ihrer Bilder publiziert werden durften. Nur bei der Berichterstattung aus dem Regionalbereich durften die Zeitungen ihre eigenen Bilder verwenden. Auch hier bildete das „Neue Deutschland" eine Ausnahme, das für die unterschiedlichsten Zwecke eigene Bildreporter unter Vertrag hielt.[29]

Die Verlage und Druckereien, die für die Herstellung verantwortlich waren, gehörten

---

25 Friedrich-Ebert-Stiftung, S. 16
26 Holzweißig, Massenmedien, S. 17 f.
27 Holzweißig, Mediengeschichte, S. 14
28 Holzweißig, Mediengeschichte, S. 32 f.
29 Friedrich-Ebert-Stiftung, S. 23 ff.

konzernartig organisierten Wirtschaftsunternehmungen an, welche den einzelnen Parteien sowie dem FDGB (Freier Deutscher Gewerkschaftsbund) gehörten; diese wurden als VOBs (Vereinigungen Organisationseigener Betriebe) bezeichnet. Die VOB Zentrag, die der SED unterstand, war mit Abstand am Größten. Ihr gehörten über 90% der Druckkapazitäten, Zeitungsverlage und Vertriebsorgane.[30] So konnte die SED ihren Einfluss auf die Presse noch weiter ausdehnen.

4.2 Die Presselandschaft der DDR

In der DDR erschienen im Jahr 1987 insgesamt 39 Tageszeitungen mit einer Gesamtauflage von 9 Millionen Exemplaren, jedoch war das System trotzdem keinesfalls pluralistisch. Die 15 von der SED herausgegebenen Zeitungen (Gesamtauflage: 6,6 Millionen, darunter 14 Bezirkszeitungen, sowie das Zentralorgan der SED und die größte Tageszeitung der DDR, das „Neue Deutschland", mit einer Auflage von täglich 1,1 Millionen) sowie die 3 weiteren Zeitungen der Massenorganisationen (die „Junge Welt" der Freien Deutschen Jugend, die „Tribüne" des Gewerkschaftsbundes sowie das „Sportecho" des Deutschen Turn- und Sportbundes) erreichten zusammen eine Gesamtauflage von knapp 2 Millionen) beanspruchten einen Großteil des knappen Papiervorrats für sich. Für die Blockparteien CDU, NDPD, LDPD und DBD gab es also nicht nur die gesetzliche Einschränkung, außerhalb von Berlin nicht mehr als 5 Tageszeitungen herauszugeben;[31] die tägliche Gesamtauflage ihrer insgesamt 18 Tageszeitungen beschränkte sich zudem auf 835 000.[32] Die Auflage der 30 Wochen- und Monatszeitungen sowie Illustrierten lag 1989 bei 9,3 Millionen, die meisten von ihnen waren auf spezielle Zielgruppen zugeschnitten wie die „Neue Deutsche Bauernzeitung" oder die „Deutsche Lehrerzeitung". Zudem erschienen im Jahr 1987 insgesamt 542 Zeitschriften mit einer Gesamtauflage von 2,8 Millionen, sowie diverse Veröffentlichungen der Glaubens- und Religionsgemeinschaften, deren Gesamtauflage 12,8 Millionen betrug.[33]

---

30 Friedrich-Ebert-Stiftung S. 18 f.
31 Friedrich-Ebert-Stiftung, S. 17 ff.
32 Holzweißig, Massenmedien, S. 74
33 Holzweißig, S. 80 ff.

5. Schlusswort:

Im sozialistischen Einheitsstaat der DDR war die Kontrolle über die Medien, wie immer in einem totalitären System, eines der wichtigsten Mittel zur Machterhaltung. Deshalb kann man, trotz der großen Anzahl an Medienprodukten insbesondere im Pressebereich, nicht wirklich von Pluralismus sprechen, da letztlich doch überall der Staat dafür sorgte, dass nicht von der offiziellen Linie der SED abgewichen wurde. Umfassende Zensurmaßnahmen und totale Überwachung sollten verhindern, dass unliebsame Informationen ans Tageslicht gelangten. Jedoch war dies gerade bei Radio und Fernsehen nur bedingt erfolgreich, da ein Großteil der Bürger die westlichen Programme empfangen konnte und sich ihrer auch bediente.

Literaturliste:

Baerns, Barbara: Journalismus und Medien in der DDR. Ansätze, Perspektiven, Probleme und Konsequenzen des Wandels, Königswinter: Jakob-Kaiser-Stiftung e.V. 1990

Friedrich-Ebert-Stiftung (Hrsg.): Die Massenmedien der DDR, Bonn: Neue Gesellschaft 1983

Holzweißig, Gunter: Massenmedien in der DDR, Berlin: Gebr. Holzapfel 1989

Holzweißig, Gunter: Die schärfste Waffe der Partei. Eine Mediengeschichte der DDR, Köln: Böhlau 2002

Kuhlmann, Michael: Fernsehen in der DDR, Siegen: Veröffentlichungen zum Forschungsschwerpunkt Massenmedien und Kommunikation 1997

Marchal, Peter: Kultur- und Programmgeschichte des öffentlich-rechtlichen Hörfunks in der Bundesrepublik Deutschland. Ein Handbuch, München: kopaed 2004

Riedel, Heide: Hörfunk und Fernsehen in der DDR, Köln: Literarischer Verlag Braun 1977